BEI GRIN MACHT SICH IHR WISSEN BEZAHLT

- Wir veröffentlichen Ihre Hausarbeit, Bachelor- und Masterarbeit

- Ihr eigenes eBook und Buch - weltweit in allen wichtigen Shops

- Verdienen Sie an jedem Verkauf

Jetzt bei www.GRIN.com hochladen und kostenlos publizieren

Maximilian Stangier

Lerntheoretische Grundlagen zur formalen, non-formalen und informellen Bildung

GRIN Verlag

Bibliografische Information der Deutschen Nationalbibliothek:

Die Deutsche Bibliothek verzeichnet diese Publikation in der Deutschen National-
bibliografie; detaillierte bibliografische Daten sind im Internet über http://dnb.d-
nb.de/ abrufbar.

Impressum:

Copyright © 2010 GRIN Verlag, Open Publishing GmbH
Druck und Bindung: Books on Demand GmbH, Norderstedt Germany
ISBN: 978-3-640-82881-4

Dieses Buch bei GRIN:

http://www.grin.com/de/e-book/166617/lerntheoretische-grundlagen-zur-formalen-
non-formalen-und-informellen

GRIN - Your knowledge has value

Der GRIN Verlag publiziert seit 1998 wissenschaftliche Arbeiten von Studenten, Hochschullehrern und anderen Akademikern als eBook und gedrucktes Buch. Die Verlagswebsite www.grin.com ist die ideale Plattform zur Veröffentlichung von Hausarbeiten, Abschlussarbeiten, wissenschaftlichen Aufsätzen, Dissertationen und Fachbüchern.

Besuchen Sie uns im Internet:

http://www.grin.com/

http://www.facebook.com/grincom

http://www.twitter.com/grin_com

Lerntheoretische Grundlagen zur formalen, non-formalen und informellen Bildung

Referatsarbeit

Aus dem Seminar: „Konzepte der Validierung nicht-formalen und informellen Lernens"

Modul: „GS 09003 – Forschung, Evaluation und Gestaltung beruflicher Bildungs-prozesse"

Autor:

Maximilian Stangier

2010

Inhalt

„Lernst du wohl, wirst du gebratener Hühner voll. Lernst du übel,
mußt du mit der Sau zum Kübel" (Martin Luther).

1. Einleitung

Lernen findet nicht nur auf Schulbänken statt. Lernen spielt sich immer und prinzipiell überall ab, ein Leben lang. Lebenslanges und vor allem lebensumspannendes Lernen sind mittlerweile die Prinzipien einer Wissensgesellschaft, welche mit einer Rasanz Informationen verbreitet, verwertet und ablegt, wie sie in der Menschheitsgeschichte lange nicht einmal vorstellbar war.

Dies bedeutet auch, dass Zertifizierungsprozesse überdacht werden müssen. Die Zeit, in der ein Lebensweg nahezu ausschließlich in formalen Bildungs- und Berufsbildungseinrichtungen geprägt wurde ist vorbei, der sich kontinuierlich weiterbildende Autodidakt wird zum Standard (vgl. CEDEFOP 2009, S.7). Dabei gewinnt die Anerkennung von informell erworbenen Fähigkeiten vor dem Hintergrund an Gewicht, dass ein Arbeitsmarkt nicht mehr nur auf die grundlegend vermittelten Fähigkeiten, Fertigkeiten und Kenntnisse zurückgreifen kann. Um eine Konkurrenzfähigkeit am Puls der Zeit zu gewährleisten, bedarf es der Fähigkeit des Unternehmens und damit des einzelnen Mitarbeiters, sich selbst mit notwendigem Wissen, Fähigkeiten und Fertigkeiten zu versorgen bzw. sich diese anzueignen. Das geflügelte Wort der „Kompetenz", die es zu erlangen und zu erhalten gilt, ergänzt nach und nach das klassisch-statische Zertifikat. Während Lernen in formalen Kontexten, wie beispielsweise dem klassischen Schulunterricht, gekennzeichnet ist durch strukturierte Lernzeiten, Lernziele sowie entsprechende Lernförderung und der Lernerfolg dann in der Regel anhand von an vordefinierten Zielen orientierten Prüfungen beurteilt und in Form eines Zertifikats bestätigt wird, erfordert Lernen in sämtlichen anderen Bereichen, sofern es zur formellen Sichtbarmachung herangezogen werden soll, ein differenzierteres Vorgehen bei der Bewertung und Anerkennung. Im Mittelpunkt steht hier der Begriff der Validierung der daraufhin fokussiert, dass die gesamte Bandbreite individueller Kenntnisse, Fertigkeiten und Kompetenzen einer Person zu berücksichtigen ist und nicht nur das an Schulen, Hochschulen und sonstigen Einrichtungen der formalen, allgemeinen und beruflichen Bildung Erlernte (vgl. CEDEFOP 2009, S.18f).

Im Seminar „Konzepte der Validierung nicht-formalen und informellen Lernens" des Frühjahrstrimester 2010, stand die wissenschaftliche Auseinandersetzung mit den unterschiedlichsten Ansätzen der Validierung, im Kontext zu Konzepten wie dem Deutschen oder auch dem Europäischen Qualifikationsrahmen, im Mittelpunkt. Neben vielen Beiträgen, welche Validierungskonzepte aus unterschiedlichen europäischen Staaten vorstellten, sowie der Darstellung des wissenschaftlichen Diskurses rund um die Prozesse der Validierung informeller und non-formaler Bildung, wurde auch ein Versuch unternommen, den unterschiedlichen Validierungskonzepten und Bildungssystematiken entsprechende Lerntheorien gegenüberzustellen.

In dieser Referatsarbeit soll, der Systematik des Vortrags folgend, zunächst geklärt werden was Lernen grundsätzlich überhaupt ist und Anhand unterschiedlicher Lerntheorien die Vielfalt der verschiedenen Ansätze dargestellt werden. In der Folge werden die Systeme bzw. die Kategorisierung in formale, non-formale und informelle Bildung erläutert. Hier wird kontextbezogen betrachtet, an welchen Orten Lernen stattfindet. In dem Seminar wurde im Anschluss im Plenum versucht in Form der Synthese den jeweiligen Bildungssystematiken entsprechende Lerntheorien zuzuordnen, welche ihrerseits wiederum als theoretische Begründung für Validierungskonzepte herangezogen werden könnten. Aus diesem Vorgehen leitet sich die Forschungsfragen für die folgende Untersuchung ab: Können den unterschiedlichen Bildungssystematiken bestimmte lerntheoretische Ansätze zugeordnet werden?

Diese Forschungsfrage ist Grundbedingung für weiterführende Betrachtungen, welche sich mit den theoretischen Grundsätzen für Validierungskonzepte und Anerkennungsverfahren befassen. Sie sollen in dieser Untersuchung allerdings nur angerissen werden.

2. Was ist Lernen

Die Suche nach einer genauen Definition des Begriffs *Lernen* bleibt in den meisten Fällen unbefriedigend, wenn man feststellt, dass sich mit diesem Wort nahezu jeglicher Veränderungsprozess bezeichnen lässt, der als Ergebnis individueller Erfahrung auftritt (vgl. Mazur 2004, S.12). Und nicht nur dieser Veränderungsprozess steht im Mittelpunkt vieler Betrachtungen, auch das Ergebnis des selbigen, also zeitabhängige, lang- oder auch nur kurzfristige Veränderungen im Verhalten eines Individuums, die aus Lernerfahrungen resultieren sind Bestandteil des Feldes *Lernen*. Es wird verstanden als:

„Ein erfahrungsbasierter Prozess, der in einer relativ überdauernden Veränderung des Verhaltens oder des Verhaltenspotenzials resultiert" (Zimbardo, Gerrig 2004, S.243).

Unterschiedlichste Lerntheorien versuchen die Vielfalt der Lernprozesse in eine systematische Ordnung zu bringen. Eine Auffassung, vorgestellt von Edelmann (2000), sieht die unterschiedlichen Vorgänge in Form einer dualistischen Lerntheorie die unterteilt ist in: (1) Lernprozesse, bei denen die Außensteuerung durch Reize eine ausschlaggebende Rolle spielt und (2) Lernprozesse, bei denen die Innensteuerung durch Subjektive kognitive Strukturierungsprozesse im Vordergrund steht (vgl. Edelmann 2000, S.276). Weiter unterteilt Edelmann (2000) in vier grundlegende Formen, die ihrer Klarheit wegen an dieser Stelle als Ordnungsmittel gewählt werden: das Reiz-Reaktions-Lernen, das instrumentelle Lernen, Begriffsbildung und Wissenserwerb sowie das Lernen von Handeln und Problemlösen (vgl. Edelmann 2000, S. 276).

In diesen vier Formen finden sich, in unterschiedlich starker Ausprägung, die meisten der üblichen Lerntheorien aus der klassischen psychologischen aber auch pädagogischen Lehre wieder. Als Grundlage für Konzepte der Validierung non-formaler und informeller Bildung ist es daher fast unerheblich welchen Namen das Konzept trägt, hier eben in der von Edelmann (2000) vorgestellten Weise, wenn der Inhalt gleichbleibt. Dies ist zu erwähnen, da sich keine bis dato vorliegende Arbeit explizit mit lerntheoretischen Grundlagen von Validierungskonzepten beschäftigt und dementsprechend für die weitere Untersuchung auf keine bestimmte, vorgegebene Auswahl zurückgegriffen werden kann. Die im Folgenden darzustellenden Lernformen sind daher auch nicht als ausschließliche Grundlagen zu verstehen, der Masse an höchst unterschiedliche Lerntheorien würde dieser Ausschnitt nicht gerecht werden. Jedoch repräsentieren sie eine Möglichkeit der Auswahl, welche im Anschluss bestimmten Bildungssystematiken gegenübergestellt werden kann, so dass sich hieraus wiederum Validierungskonzepte ableiten lassen.

2.1 Die Lernformen

Die Grundlage der Perspektive moderner Psychologie auf den Komplex Lernen findet sich in den Arbeiten von John Watson (1878-1958), der die psychologische Schule des Behaviorismus begründete (vgl. Zimbardo, Gerrig 2004, S.244). Er machte beobachtbare Prozesse zur Grundlage seiner Betrachtungen und schloss Introspektion, also Selbstberichte über Empfindungen, bildhafte Gefühle und Eindrücke, als inakzeptabel zur Untersuchung von Verhalten aus. Burrhus Frederic Skinner (1904-1990) vertrat diese Position in radikalisierte Weise und untersuchte ebenfalls ausschließlich beobachtbare Prozesse. Er postulierte, dass jede biologische Art mit einem Repertoire von Verhaltensweisen ausgerüstet geboren würde. Alles Verhalten, das über dieses Repertoire hinausgeht, könne darüber hinaus als Ergebnis einfacher Formen des Lernens verstanden werden (vgl. Zimbardo, Gerrig 2004, S.245). Hieraus entwickelt sich das Konzept, das jegliches Verhalten, auch Denken wird in diesem Sinne als eine bestimmte Form von Verhalten verstanden, durch Stimuli in der Umwelt hervorgerufen wird. Die Schlussfolgerung: Eine Grundform des Lernens, bezeichnet als **Reiz-Reaktions-Lernen**, bezeichnet den Vorgang der Vorhersage eines bestimmten Ereignisses anhand eines anderen Ereignisses. Der Organismus lernt eine neue Assoziation zwischen zwei Reizen zu knüpfen, die vorher nicht vorhanden war (vgl. Zimbardo, Gerrig 2004, S.246).

Die bekannteste Form des Reiz-Reaktions-Lernen ist das klassische Konditionieren, um die Jahrhundertwende entdeckt durch den russischen Physiologen Iwan Petrowitsch Pawlow (1849-1936) (vgl. Edelmann 2000, S.31). Beim Grundmechanismus des klassischen Konditionierens wird eine elementare Reaktion, die durch einen bestimmten Reiz ausgelöst wird, später von einem ursprünglich neutralen Reiz ausgelöst. Erreicht wird dies durch die gleichzeitige oder zeitlich nahe liegende Präsentation von unkonditionierten Stimuli, also Reizen die eine angeborene Reaktion hervorrufen, sowie konditionierten Stimuli, also Reizen die zunächst keine Reaktion hervorrufen (vgl. Mazur 2004, S.95).

Die nächste Lernform fokussiert die dem Verhalten nachfolgenden Konsequenzen, die über dessen zukünftiges Auftreten entscheiden. **Instrumentelles Lernen** nutzt vier unterschiedliche Konsequenzen um die Wahrscheinlichkeit des Auftretens eines bestimmten Verhaltens zu beeinflussen. Die Bezeichnung instrumentelles Verhalten leitet sich dabei aus der Überlegung ab, dass das Verhalten das Instrument oder Mittel ist, das die entsprechende Konsequenz hervorruft. Durch häufig wiederkehrende, gleichförmige Konsequenzen, von Skinner als Methoden des operanten Konditionierens bezeichnet, wird allmählich ein stabiles instrumentelles Verhalten gelernt (vgl. Edelmann 2000, S.68). Genutzt wird dabei: positive Verstärkung (Gabe von angenehmem Stimulus), negative Verstärkung (Entfernung von aversivem Stimulus), positive Bestrafung (Gabe von aversivem Stimulus) und negative Bestrafung (Entfernung von angenehmem Stimulus) (vgl. Zimbardo, Gerrig 2004, S.266). Ein fünfter Aspekt ist in diesem Zusammenhang die Löschung, welche die nicht-Verstärkung eines Verhaltens beschreibt. Sie tritt dann auf, wenn ein Verhalten nicht länger vorhersagbare Konsequenzen zeigt. Dies hat zur Folge, dass die Auftretenshäufigkeit auf das Niveau zurückgeht, das es vor dem operanten Konditionieren besaß (vgl. Zimbardo, Gerrig 2004, S.265).

Der große Nachteil der beiden vorgestellten Lernformen, der gegen Mitte des 20. Jahrhunderts schließlich auch zu Kritik und der Entwicklung neuer Theorien führte, ist die Erkenntnis, dass die Schule des Behaviorismus aufgrund des Ausschlusses jeglicher Form von Introspektion keine Aussage darüber machen kann, wie kognitive Prozesse lernen beeinflussen. Dazu kam, trotz der praktischen Funktion behavioristischer Modifikation, dass es in manchen Fällen zu nicht erwarteten oder sogar unerwünschten Konsequenzen kam (vgl. Martinez 2010, S.29). Gerade die Aneignung von komplexen Verhaltensformen ist nur erklärbar mit einer Terminologie höherer Kognition. Die dritte Lernform nach Edelmann (2000) umfasst dabei die **Begriffsbildung** sowie den **Wissenserwerb** durch kognitive Prozesse. Als Kognitionen werden dabei jene Vorgänge bezeichnet, durch die ein Organismus Kenntnis von seiner Umwelt erlangt, im menschlichen Bereich besonders durch Wahrnehmung, Vorstellung, Denken, Urteilen und Sprache (vgl. Edelmann 2000, S.114). Fasst man Gelerntes in seiner kognitiven Form als Wissen, so lässt es sich weiter unterteilen in Sachwissen und Handlungswissen. Sachwissen ist dabei im anthropologischen Sinne mit der Begriffsbildung verbunden und repräsentiert eine unterschiedliche stark strukturierte, mentale Konstruktion der Umwelt während Handlungswissen in erster Linie motorische Fähigkeiten repräsentiert (vgl. Edelmann 2000, S.114f). Ohne an dieser Stelle genauer auf die einzelnen Aspekte einzugehen, weitergehend wären Assimilation, Repräsentation, Vernetztheit, die Art der Erfahrung, Bewusstheit aber auch emotionale und motivationale Aspekte zu betrachten, ist Begriffsbildung die bedingende Voraussetzung für Wissenserwerb bzw. befindet sich in einer Form des fließenden Übergangs zum Wissenserwerb (vgl. Edelmann 2000, S.174). Einfach strukturierte Begriffe können dabei als Bausteine von Wissen betrachtet werden, während komplexere Begriffe (z.B. der Begriff des Lernens) ganze Netzwerke und damit selbst schon Wissen repräsentieren. Unterschiedliche Kategorisierungstheoreme differenzieren die logischen Strukturen nach denen Begriffe gebildet werden. Für den Gesichtspunkt des Lernens konstatiert Edelmann (2000) zwei Formen: 1) das sinnvolle Lernen, das er als Assimilation bezeichnet. Hierbei werden Aspekte in Vorwissen verankert und Netzwerkstrukturen gewähren eine große Verarbeitungstiefe sowie 2) das mechanische Lernen, welches durch das Auswendiglernen von sprachlichen Ketten gekennzeichnet ist und nur eine geringe Verarbeitungstiefe aufweist (vgl. Edelmann 2000, S.175). Sachwissen kann durch unmittelbare Erfahrungen gewonnen werden, vorrangig aber wird es durch Sprache sozial vermittelt.

Die schließlich vierte Form, **Handeln** und **Problemlösen**, befasst sich mit erlernten Problemlösungen, welche durch die Innensteuerung eines Subjektes zustande kommen. Dabei stehen Handlungstheorien im Vordergrund, die konstatieren, dass der Mensch Handlungen zur Erreichung von Zielen willentlich einsetzt. Handeln wird dabei über die gegebene Wissensstruktur gesteuert. Reicht Wissen für bestimmte Situationen nicht aus, kommen Problemlöseverfahren zur Anwendung, die wiederum bestimmte Lernprozesse beinhalten (vgl. Edelmann 2000, S.188). Im Unterschied zur Begriffsbildung und Wissenserwerb, welche als relativ statische Strukturen aufgefasst werden können, vollzieht sich lernen durch Handeln und Problemlösen in dynamischen Prozessen (vgl. Edelmann 2000, S.228). Eine Vielzahl von Handlungstheorien betrachtet nun unterschiedlichste Aspekte wie die Innensteuerung durch ein Subjekt, Entscheidungen zwischen Handlungsalternativen, subjektive Sinngebung, Intentionalität, Bewusstsein, Flexibilisierung von Handlungskonzepten, Verantwortlichkeit und schließlich Wissenserwerb. Als berühmtes Beispiel und Vorläufer vieler Handlungstheorien gilt die sozial-kognitive Theorie von Albert Bandura (*1925). Sie ist insofern herauszustellen, als dass er konstatiert, dass Handlungsergebniserwartungen bzw. Selbstwirksamkeitserwartungen konkretes Verhalten beeinflussen. Diese Handlungserwartungen können dabei auch durch stellvertretende Erfahrungen gelernt werden, spezifisch wird der Begriff des Beobachtungs- oder Modelllernen gebraucht (vgl. Edelmann 2000, S.188, Bodenmann et al 2004, S.230f).

Bandura akzeptiert dabei ebenso wie behavioristische Theoretiker, dass ein Teil menschlichen Verhaltens durch Reize ausgelöst werden kann, genauso wie ein weiterer Teil durch Verhaltenskonsequenzen geprägt wird. Er betont aber, dass Handeln überwiegend durch kognitive Prozesse in Gestalt gespeicherter Erfahrungen gesteuert wird. Diese Erfahrungen können selbst erworben worden sein oder sich auf die Beobachtung von anderen Personen stützen (vgl. Steiner 1996, S.73). Dabei ist es von untergeordneter Bedeutung, ob die Person bzw. das jeweilige Modell, von dem bestimmte Verhaltensweisen gelernt werden, anwesend ist, oder ob es über ein Medium vermittelt wird, wie z.B. die Darstellung in einem Film oder Buch (vgl. Edelmann 2000, S.189).

Die psychologischen Aspekte ließen sich an dieser Stelle bis auf Lehrbuchbreite ausdehnen, der Ausschnitt soll zunächst aber nicht viel mehr als die Komplexität menschlicher Lernprozesse verdeutlichen. Mit Blick auf die berufliche Bildung und die gesellschaftlicher Anerkennung und letztlich Verwertung von Lernprozessen gilt es nun im nächsten Schritt zu untersuchen welche Bildungssystematiken überhaupt bestehen. Diese Perspektive ist Kontext bezogen und beschreibt nun nach dem „wie", „wo" gelernt wird.

3. Unterschiedliche Bildungssystematiken

Zur formalen Systematisierung der vielen, in den unterschiedlichsten Kontexten, sowohl bewusst als auch unbewusst stattfindenden und höchst unterschiedlich organisierten Lernprozessen ist eine Reihe von Kategorisierungen entstanden. Sie orientieren sich an der Organisationsform, dem Grad der Strukturierung, der Lernumgebung und nicht zuletzt an den zugrunde liegenden Intentionen. Herauszuheben ist das Memorandum über lebenslanges Lernen der Kommission der europäischen Gemeinschaften von 2000, welches **Formales, Nicht-formales** und **Informelles Lernen** gleichberechtig nebeneinander stellt (vgl. Kommission der europäischen Gemeinschaften 2000, S.9). Im 2004 erschienen Dokument des Bundesministeriums für Bildung und Forschung „Weiterbildungspass mit Zertifizierung informellen Lernens – Machbarkeitsstudie des BLK-Verbundprojektes" verweisen die Autoren auf dieses Memorandum und nehmen darüber hinaus diese Gliederung als gesetzt an (vgl. BMBF 2004b, S.30). Ebenfalls wird sie von der Organisation for Economic Cooperation and Developement (OECD) genutzt und soll in ihrem Kern im Folgenden kurz dargestellt werden.

3.1 Formales Lernen

„Formal learning: Refers to learning through a programme of instruction in an educational institution, adult training Centre or in the workplace, which is generally recognized in a qualification or a certificate" (Carlsten et al 2006, S.4)

Unter formalem Lernen wird jegliches Lernen verstanden, welches in einem speziellen institutionellen Rahmen mit Curricula und ausgebildeten Lehrenden, als Teil des offiziellen Bildungssystems staatlichen Regelungen unterliegt und mit einer formalen Prüfung abschließt (vgl. BMBF 2004b, S.30). Institutionen wie Schule und Hochschule gehören eindeutig zu diesem Sektor, diskutiert wird, ob die duale Ausbildung sowie Berufsfachschulen, ihrer Teils nur gering strukturierten Anteile wegen, ebenfalls hinzu gezählt werden müssen. Formale Bildung ist weiterhin von der Intention und den Inhalten eindeutig definiert und im weitesten Sinne vorstrukturiert.

Komplizierter und komplexer ist die Fassung der Bereiche informeller und nonformaler Bildung.

3.2 Non-formales Lernen

„Non-formal learning: Refers to learning through a programme but it is not usually evaluated and does not lead to certification" (Carlsten et al 2006, S.4).

Non-formales Lernen ist vor allem durch entsprechende Bildungsorte gekennzeichnet. So sind es zwar meist strukturierte und rechtlich geregelte Institutionen, deren Nutzung und Inanspruchnahmen allerdings freiwillig geschieht und die darüber hinaus durch ein hohes Maß an individuellen Gestaltungsmaßnahmen gekennzeichnet sind. Non-formale Bildungsinstanzen sind dabei weniger deutlich im Binnenhorizont der üblichen Bildungsinstitutionen situiert und auch weniger auf die dezidierte Prüfung von erworbenen Bildungsleistungen ausgerichtet (vgl. BMBF 2004a, S.32f). Stattfinden kann nicht-formales Lernen an Orten wie dem Arbeitsplatz, im Rahmen von Aktivitäten in Jugendorganisationen, Gewerkschaften, politischen Parteien oder auch Volkshochschulen. Im Vordergrund steht primär die Vermittlung von Fähigkeiten und weniger, aber nicht ausgeschlossen, der Erwerb formaler Zeugnisse (vgl. Kommission der europäischen Gemeinschaften 2000, S.9)

3.3 Informelles Lernen

„Informal learning: Refers to learning resulting from daily work-related, family or leisure activities." (Carlsten et al 2006, S.4).

Mit dem Bereich des informellen Lernens wird das weiteste Spektrum gefasst. Hierunter werden alle Lernprozesse verstanden, die als natürliche Begleiterscheinungen des täglichen Lebens bezeichnet werden können. Sie sind nicht notwendigerweise intentional und werden daher unter Umständen vom Lernenden selber nicht als Erweiterung des eigenen Wissens oder der eigenen Fähigkeiten wahrgenommen (vgl. BMBF 2004a, S.34).

4. Anerkennung von non-formaler und informeller Bildung

Nach der Kategorisierung und damit der Anerkennung von Bildungssystematiken neben der formalen Bildung stellt sich die Frage nach den bildungspolitischen und formalrechtlichen Konsequenzen. Das formale Bildungssystem situiert sich über akkreditierte Bildungswege mit an bestimmten Leistungsstandards, auch Bildungsstandards, orientierten Zertifizierungsprozessen (vgl. Zeitler et al 2010, S.23ff). Um das Ergebnis non-formaler und informeller Lernprozessen nun in gleichberechtigter Weise in Erwerbsbiographien einfließen lassen zu können, bedarf es geeigneter Anerkennungsverfahren. Auf diesen Umstand fokussiert auch die Diskussion rund um den Kompetenzbegriff, welche an dieser Stelle nicht wiedergegeben werden soll.

In diesem Rahmen ist nun festzustellen, dass durch eine zunehmende Kompetenzorientierung der Bildungssysteme in Europa die Anerkennung von Kompetenzen, unabhängig davon wo sie erworben wurden, an Gewicht gewinnt (vgl. Annen, Bretschneider 2009, S.187). Damit lässt sich ein Prozess nachzeichnen, der aufbauend auf der Feststellung einer Notwendigkeit zur Anerkennung von informell und non-formal erworbenen Fähigkeiten hin zu einer Masse an spezifischen Instrumenten und Methoden geführt hat. Dies leitete sich in erster Linie aus der Erkenntnis ab, dass Berufsbiografien weitestgehend nicht mehr linear verlaufen und formale Zeugnisse immer weniger Auskunft über die Fähigkeiten und Kenntnisse einer Person geben, so dass anstelle personenungebundener Qualifikationen hochgradig individuelle, personengebundene Kompetenzen bewertet und sichtbar gemacht werden müssen (vgl. Dehnbostel 2007, S.101). Die Notwendigkeit, informelles und non-formales Lernen in die im formalen Sektor geltenden Vorschriften für Zugang, Bildungsweg und Anerkennung mit einzubeziehen ist daher mittlerweile voll anerkannt (vgl. Annen, Bretschneider 2009, S.188f).

An dieser Stelle soll damit der Bogen zu der einleitend gestellten Forschungsfrage geschlagen werden, um den Gedankengang der Untersuchung nachvollziehbar zu machen. Wenn die Notwendigkeit der Validierung non-formaler und informeller Bildung angenommen wird, so bedarf es entsprechender Validierungskonzepte. Diese variieren je nach Feld der anzuerkennenden Kompetenzen erheblich, entsprechende Literatur belegt dies eindrucksvoll (vgl. dazu auch Linten, Prüstel 2009, Auswahlbibliografie „Zertifizierung und Anerkennung informell erworbener Kompetenzen").

Ziel der Seminargestaltung war es, auf der Grundlage einer Auswahl unterschiedlicher Lerntheorien theoretisch darzustellen, wie in anderen als den formalen Kontexten ebenfalls gelernt wird, um daraus eine Begründung für die Gleichwertigkeit der unterschiedlichen Bildungssystematiken zu gewinnen.

5. Zusammenführung von Bildungssystematik und Lerntheorie

Die bestimmende Frage ist, ob den bestimmten Lernkategorien nun spezifische Lerntheorien zugeordnet werden können. Vorweg zu nehmen ist, dass die Zusammenführung im Plenum des Seminars nicht dem Anspruch an eine empirische Untersuchung gerecht werden kann. Nichtsdestotrotz dokumentiert der im Seminar geführte und an dieser Stelle wiedergegebene Diskurs eindrucksvoll ein Ergebnis, welches sich im Nachhinein auch bei der Sichtung weiterer Literatur ergibt. Eine Gegenüberstellung erfolgte in der Systematik der folgenden Darstellung:

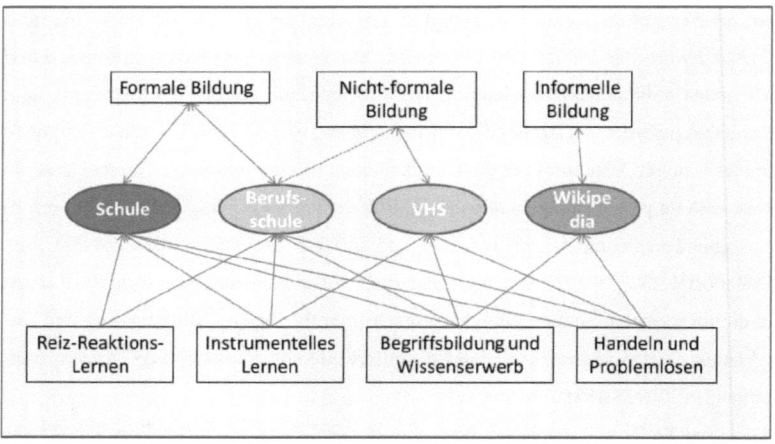

(eigene Darstellung – Beispiel-Systeme im Spannungsfeld zwischen Lerntheorie und Bildungskategorie)

Gegenübergestellt wurden Bildungskategorien und eine Auswahl von Lerntheorien. Anhand von in diesem Spannungsfeld verorteten Beispielen sollte sichtbar gemacht werden, welche Lernformen sich die jeweilige Bildungskategorien im Schwerpunkt zu Nutze macht. Ganz in dialektischer Form entstand zunächst für jedes Beispiel eine These zur Einordnung. In der Darstellung zu erkennen, beispielhaft die Verortung von Schule am linken Rand. Sie wurde im Plenum zuerst nur unter Einbezug von

Reiz-Reaktions-Lernen und instrumentellem Lernen betrachtet. Auf der anderen Seite die Nutzung von Wikipedia, um etwa einen Begriff nachzuschlagen und dabei quasi „ausversehen" auch andere Sachverhalte zu behalten. Im weiteren Verlauf wurden Bedingungen für die ausgewählten Beispiele genannt, die antithesenhaft Verbindungen der Beispiele auch zu anderen Lernformen aufzeigten. So bedient sich in der Schule ein großer Teil der Lehrer der Lernprozesse des Handelns und Problemlösens, sowie unterschiedlichster Formen von Begriffsbildung und Wissenserwerb. Es stellte sich letztlich heraus, dass es prinzipiell keine Bildungskategorie geben könne, die sich ausschließlich nur bestimmter Lernformen bediene. Denkbar ist für jede Bildungskategorie der Einbezug unterschiedlichster Lernformen. So können beispielsweise in der Berufsschule simple Konditionierungsformen zur Vermittlung von einfachen Reaktionsmustern genutzt werden (Wenn Fall a dann Handlung b), aber auch komplexe Settings in denen bewusst über die Lösung von Problemen Handlungswissen gewonnen wird.

6. Fazit

Das Fazit fällt an dieser Stelle mit Blick auf die Ausgangsfrage deutlich aus. Der erste Part fragte, ob den unterschiedlichen Bildungssystematiken bestimmte lerntheoretische Ansätze zugeordnet werden können, der zweite Part inwiefern sich damit Grundsätze für Validierungskonzepte und Anerkennungsverfahren theoretisch begründen lassen.

Der erste Teil ist direkt abschlägig zu beurteilen mit Verweis auf die Möglichkeit, dass in jedem Kontext prinzipiell jede Lernform denkbar ist. Zwar kann eine Intention eine bestimmte Lernform zu nutzen zu Grunde liegen, auch lässt sich eine gewisse Tendenz ausmachen. Diese Tendenz, bspw. der formalen Bildungssystematik mit einer bestimmten Gewichtung auf instrumentelles Lernen zu setzen (Notengebung, Lob und Tadel, Zeugnisse), schließt trotzdem andere Lernformen nicht aus.

Die Beantwortung des zweiten Teils der Frage muss an dieser Stelle mit einem Ausblick beschieden werden. So war die Ausgangsbedingung für die Gegenüberstellung, auch mit Blick auf das Seminarthema, von Bildungskategorien und Lerntheorien die Frage, welchen Rückschluss Validierungsverfahren auf Lerntheorien bilden. Im Verlauf dieser Ausarbeitung muss aber festgestellt werden, dass die Beantwortung dieser Frage eher nicht als zielführend betrachtet wird. Dies ergibt sich, betrachtet man den aktuellen Stand von Ansätzen und Programmen zur Vorbereitung der Anerkennung non-formaler und informeller Bildung (vgl. BMBF 2008, S.42ff).

Es wird unter dem Gesichtspunkt der Anerkennung von informell und nicht-formal Gelerntem das Konstrukt der Kompetenz herangezogen, unter dem Lerntheorien schließlich subsumiert werden. Dies soll die Erfassung individueller Lernergebnisse sowie eine Bilanzierung von Bildungsprozessen möglich machen, bedeutet aber auch, dass Validierungs- und Anerkennungsverfahren nur indirekt auf Lerntheorien rekurrieren und letztlich der Begriff der Kompetenz zum Ankerpunkt einer Diskussion über den Output von unterschiedlichen Lernprozessen ist (vgl. Klieme, Leutner 2006, S.2). Eine weiterführende Forschungsfrage wäre damit: In welchem Rahmen werden Lerntheorien als theoretische Grundlage für Kompetenzmodelle einbezogen?

7. Literaturverzeichnis

Annen, Silvia; Bretschneider, Markus (2009): Anerkennung informell erworbener Kompetenzen aus bildungspolitischer und wirtschaftswissenschaftlicher Perspektive. In: Bildungsforschung 2009, Bd.1, S.187-207. Online im Internet: AVL: URL: <http://www.bildungsforschung.org/index.php/bildungsforschung/article/viewFile/92 /94> (Stand 2009, letzter Abruf 07.10.2010).

Bodenmann, Guy; Perrez, Meinrad; Schär, Marcel; Trepp, Andrea (2004): Klassische Lerntheorien – Grundlagen und Anwendungen in Erziehung und Psychotherapie, Bern.

Bundesministerium für Bildung und Forschung (Hrsg., 2008): Stand der Anerkennung non-formalen und informellen Lernens in Deutschland im Rahmen der OECD Aktivität „Recognition of non-formal and informal Learning", Berlin. Online im Internet: AVL: URL: <http://www.bmbf.de/pub/non-formales_u_informelles_ lernen_ind_deutschland.pdf> (Stand 2008, letzter Abruf 11.10.2010).

Bundesministerium für Bildung und Forschung (Hrsg., 2004a): Konzeptionelle Grundlagen für einen Nationalen Bildungsbericht – Non-formale und informelle Bildung im Kindes- und Jugendalter, Berlin. Online im Internet: AVL: URL: < http://www.bmbf.de/pub/nonformale_und_informelle_bildung_kindes_u_jugendalter .pdf> (Stand 2004, letzter Abruf 05.10.2010).

Bundesministerium für Bildung und Forschung (Hrsg., 2004b): Weiterbildungspass mit Zertifizierung informellen Lernens – Machbarkeitsstudie im Rahmen des BLK-Verbundprojektes, Berlin. Online im Internet: AVL: URL: < http://www. bmbf.de/pub/weiterbildungspass_mit_zertifizierung_informellen_lernens.pdf> (Stand 2004, letzter Abruf 05.10.2010).

Carlsten, T.C.; Mohn, T.N.; Brandt, E.; Turmo, A. (2006): OECD Thematic Review on Recognition of non-formal and informal learning – Country Backround Report Norway 2006 by the Royal Norwegian Ministry of Education and Research, Norway. Online im Internet: AVL: URL: <www.oecd.org/dataoecd/19/6/41782275.pdf> (Stand 2006, letzter Abruf 06.10.2010).

Dehnbostel, Peter (2007): Lernen im Prozess der Arbeit, Münster.

Edelmann, Walter (2000): Lernpsychologie, 6., vollständig überarbeitete Auflage, Weinheim.

Europäisches Zentrum für die Förderung der Berufsbildung (CEDEFOP, 2009): Europäische Leitlinien für die Validierung nicht formalen informellen Lernens. Online im Internet: AVL: URL: <http://www.cedefop.europa.eu/EN/Files/4054_de.pdf> (Stand 18.09.2009, letzter Abruf 16.08.2010).

Klieme, Eckhard; Leutner, Detlev (2006): Kompetenzmodelle zur Erfassung individueller Lernergebnisse und zur Bilanzierung von Bildungsprozessen – Überarbeitete Fassung des Antrags an die DFG auf Einrichtung eines Schwerpunktprogramms. Online im Internet: AVL: URL: <http://kompetenzmodelle.dipf.de/pdf/ rahmenantrag> (Stand 2006, letzter Abruf 14.10.2010).

Kommission der Europäischen Gemeinschaften (Hrsg., 2000): Memorandum über lebenslanges Lernen, Brüssel. Online im Internet: AVL: URL: < http://www. bologna-berlin2003.de/pdf/MemorandumDe.pdf> (Stand 2000. Letzter Abruf 05.10.2010).

Linten, Markus; Prüstel, Sabine (2009): Auswahlbibliografie „Zertifizierung und Anerkennung informell erworbener Kompetenzen" – Zusammenstellung aus: Literaturdatenbank Berufliche Bildung. Online im Internet: AVL: URL: < http://www.bibb.de/dokumente/pdf/a1bud_auswahlbibliografie-zertifizierung.pdf> (Stand 2009, letzter Abruf 08.10.2010).

Martinez, Michael E. (2010): Learning and Cognition – The Design of the Mind, New Jersey.

Mazur, James (2004): Lernen und Gedächtnis, 5., aktualisierte Auflage, München.

Zeitler, Sigrid; Köller, Olaf; Tesch, Bernd (2010): Bildungsstandards und ihre Implikationen für Qualitätssicherung und Qualitätsentwicklung. In: Gehrmann, Axel; Hericks, Uwe; Lüders, Manfred (Hrsg., 2010): Bildungsstandards und Kompetenzmodelle – Beiträge zu einer aktuellen Diskussion über Schule, Lehrerbildung und Unterricht, Bad Heilbrunn, S.23-36.

Zimbardo, Philip G., Gerrig, Richard J. (2004): Psychologie, 16., aktualisierte Auflage, München.